AF260113

DISCOURS

PRONONCÉS

A LA SOCIÉTÉ POPULAIRE

DE VILLENEUVE-LA-MONTAGNE;

Par le C. BLIN, Instituteur.

PREMIER DISCOURS

SUR L'ÉTAT DE L'HOMME EN SOCIÉTÉ,

PAR LE CITOYEN BELIN,

INSTITUTEUR A VILLENEUVE-LA-MONTAGNE,

A LA SOCIÉTÉ POPULAIRE.

L'Homme est né pour la Société.

CITOYENS,

Il est de l'intérêt de tous les hommes qu'ils soient vivement persuadés que la nature les a destinés à se réunir pour se communiquer leurs idées, s'entre-aider dans leurs besoins, et pratiquer dans cette communication réciproque les devoirs de bienfaisance et d'équité que la raison prescrit et que l'hu-

A

manité leur inspire. La nature n'a point mis de sentimens plus doux dans le cœur humain, que la satisfaction touchante que l'homme goûte à s'approcher de ses semblables, à leur faire du bien et à s'acquitter de ses devoirs. Tout conspire à établir que la nature appelle les hommes à se réunir pour vivre en état de société, et tout prouve que hors l'état de société l'homme ne pourroit exister sur la terre, et que sa condition y seroit beaucoup plus malheureuse et au-dessous de celle de tous les animaux qu'a créés la nature.

En effet l'homme ne peut se suffire à lui-même; il n'a point, dans son propre fond, ni dans ses seules forces, tout ce qui lui est nécessaire pour sa conversation, pour sa perfection et son bonheur. L'homme naît foible, délicat, sujet aux infirmités, aux maladies et à la douleur; il naît avec des besoins indispensables, et qui se renouvellent sans cesse; il est entouré d'ennemis nombreux et plus puissans que lui, et sous tous ces rapports dans la dépendance absolue du secours de ses semblables. Mais pour nous convaincre pleinement de la vérité de ces premiers principes, suivons l'homme depuis le moment où il paroît sur la terre jusqu'à celui où il rentre dans la poussière du tombeau.

Citoyens, l'homme n'est pas le seul habitant de la terre; la nature immense dans ses productions comme admirable dans sa sagesse, a peuplé l'Univers d'une infinité d'animaux à qui, certes, elle n'a pas accordé, comme à l'homme, ces riches dons de l'intelligence, qui l'élèvent au-dessus des autres êtres, mais qu'elle a, comme par dédommagement, doués d'une force, d'une adresse et d'une audace bien supérieure à celle de l'homme, et chacun de ces animaux trouve dans lui-même mille moyens de se conserver, de se défendre et d'exister, que l'homme n'a point, quelle que soit la sublimité de sa nature.

La terre, quoique destinée à nourrir l'homme qui habite sa surface; la terre, quoique renfermant dans son sein des trésors inépuisables d'alimens pour l'homme; la terre, quoique nous invitant, pour ainsi dire, à nous nourrir de ses productions; la terre cependant veut que nous déchirions son sein, que nous la fécondions par un travail pénible, assidu et intelligent. L'air, l'eau et le feu, quoiqu'ils soient en nous les principes de la vie, ont aussi leurs inclémences, leurs orages et leurs tempêtes, et c'est précisément l'homme qui y est le plus exposé, le plus sensible, et qui, individuellement, est le moins en état de s'en défendre.

Que deviendroit donc l'homme, si, au moment de sa naissance, il n'existoit point de société; si ses parens, insensibles au cri de la nature, l'abandon-

noient à lui-même, le laissoient isolé de ses semblables ? Hélas ! il périroit en voyant le jour ; la
première bête féroce dont il seroit rencontré le dé-
chireroit sous sa dent cruelle ; s'assouviroit de sa
chair, et s'abreuveroit de son sang ; le même jour
verroit naître et expirer l'homme si la société ne le
recueilloit dans son sein, ne protégeoit sa foiblesse,
et ne soignoit sa frêle existence.

Supposons présentement, citoyens, que l'homme
isolé n'eût rien à craindre de la férocité des animaux, qu'il pût échapper à leurs dents meurtrières,
pourra-t-il éviter le trépas si la tendre mère qui lui
a donné le jour lui refusoit la mammelle que la
nature a rempli de lait pour sa première substance ?
Si elle lui refusoit les soins indispensables à sa conservation ? Supposons que l'homme n'ait aucune-
ment besoin du lait maternel pour première nourriture ; admettons qu'au moment de sa naissance,
il fût capable de s'alimenter des productions de la
terre, en sera-t-il plus heureux ; une mort funeste
en sera-t-elle moins son partage ? Non, certes ; car,
comment apprendroit-il à distinguer les plantes
nourrissantes des végétaux nuisibles ; à discerner
les fruits dont le suc est salutaire d'avec ceux qui
renferment un poison mortel. Si l'homme restoit
seul, qui est-ce qui lui apprendroit à cultiver la
terre ? Où trouveroit-il les outils, les instrumens

nécessaires ? Comment pourroit-il récolter , amas-
ser, mettre en réserve , et conserver des provisions
pour subsister dans les saisons ingrates ? Enfin ,
sauroit il se défendre de l'inclémence de l'air , de
l'intempérie des saisons et des maladies sans nombre
qui affligent l'humanité ? Hélas ! hors de la société ,
l'homme demeurant isolé , dénué de connoissances ,
sans aide, sans secours , sans appui, sans aucune
consolation, l'homme seroit envain le chef-d'œuvre
de la nature. Toujours pressé par la faim , dévoré
de misère, à quoi nous serviroient notre liberté ,
notre indépendance, la sublimité de notre intelligence , et tous ces dons que la nature nous a si
libéralement départis? Dons stériles et insuffisans !
rendriez - vous notre sort plus beau , plus digne
d'envie ? Non , certes ; nous serions d'autant plus
malheureux, plus dignes de compassion , qu'au lieu
de régner sur les autres créatures , nous serions sans
cesse environnés de crainte, agités de terreur, frap-
pés de tous les fléaux , et obligés de fuir à chaque
instant pour cacher notre foible existence.

Mais il n'en est pas ainsi , citoyens ; la bienfaisante nature n'a pas voulu que l'homme fût un ani-
mal solitaire ; elle ne l'a pas destiné à errer toute sa
vie au hasard , sans rencontrer, voir, et embrasser
son semblable ; elle ne l'a pas formé pour l'abandonner dans la foiblesse de l'enfance , dans le dé-

clin de l'âge , aux douleurs, aux infirmités, aux accidens; languissant dans un délaissement universel, sans espérance d'aucuns secours de ses frères, pas même de ceux de qui il tient le jour , ou qui lui doivent la vie.

Ce n'est pas là le plan de la nature. A cette marche on ne reconnoîtroit pas son indulgence, sa bienfaisance, et sa sagesse : au contraire, l'impérieuse loi de la nécessité se joint à l'expérience perpétuelle du besoin , pour rendre un témoignage évident et constant que la nature nous a destinés à vivre en état de société, à nous rapprocher les uns des autres, à nous prêter un mutuel secours, à nous appuyer de nos forces et à nous servir réciproquement des riches dons de cette mère commune pour adoucir nos maux, perfectionner et embellir notre existence , et jouir ainsi de la portion de bonheur qu'elle nous a destinée. A ces témoignages dont l'autorité doit soumettre toutes résistances, se joint encore le cri du sentiment et la voix de la raison. Citoyens , consultons la raison, cette fille de la divinité, cette sublime sœur de la nature, qui n'a jamais trompé ceux qui s'approchent d'elle avec un cœur sincère ; elle nous apprendra que l'homme est né pour vivre en société, que c'est dans la société où il trouve tous les moyens d'assurer son existence , de perfectionner sa nature, et de jouir du bonheur. Considérons l'homme vivant dans l'état de société ; ce n'est plus cet être foible et malheureux, végétant à peine quelques instans pour devenir la proie infaillible des animaux ; c'est l'homme dans toute sa grandeur, usant de son intelligence pour se réunir à ses semblables, lier ses intérêts aux leurs, méditer avec eux des projets utiles, leur confier ses desseins, s'enrichir de leurs connoissances, leur prêter ses lumières ; s'appuyer de leurs forces, les aider des siennes ; partager leurs travaux, et vivre avec eux dans la paix et l'abondance.

Et pourquoi donc les hommes ne se rassembleroient-ils pas ainsi ? Pourquoi se fuiroient-ils, au lieu de chercher à se réunir ? Est - ce qu'ils sont étrangers les uns aux autres ? Non, certes ; notre origine est commune, nous sommes tous enfans de la nature, la raison nous découvre cette auguste qualité, cette heureuse filiation, cette sublime paternité : oui, la raison nous apprend que nous sommes tous frères, que nous devons nous aimer, nous supporter et nous secourir en frères. Sous ce point de vue, si consolant pour nous, nos besoins individuels deviennent des besoins communs ; nos intérêts particuliers se changent en intérêts généraux ; nos affections ne sont plus personnelles, mais elles s'universalisent, elles s'étendent sur toute la société, elles embrassent la masse entière de tous les hommes; alors notre amour et nos devoirs n'étant plus d'un seul envers un seul, mais de tous envers tous; cet amour et ses devoirs prennent un caractère d'autant plus sublime et sacré, qu'ils sont plus dignes de l'homme, plus doux pour celui qui les rend plus efficaces, plus agréables à la société qui les reçoit, parce qu'ils n'ont plus l'égoïsme pour principe, l'intérêt particulier pour mobile, mais le service et le bonheur de tous. Alors se vérifie cette belle maxime : *Je suis homme, et tout ce qui touche l'humanité a des droits sacrés sur mon cœur.*

Qu'elle est sage! qu'elle est grande! qu'elle est puissante cette famille, cette société d'hommes formée par la nature; l'homme naît, et aussi-tôt la société le reçoit dans son sein, protège sa foiblesse, et défend ses jours. L'homme croît, grandit et s'élève au milieu de cette société; il est, à l'égard des autres animaux, comme un beau peuplier au milieu des roseaux; comme un cèdre parmi les arbustes du Liban; bientôt s'exerçant à l'agriculture, aux arts et aux sciences, l'homme requiert la perfectibilité de son être, son ame s'enrichit par l'étude et par l'expérience de tout ce qui l'environne; son intelligence s'augmente, se développe et s'étend comme des flots d'huile répandus sur la laine onctueuse d'un vêtement neuf; il peut tout tenter, tout entreprendre, tout oser ; la nature satisfaite paroît contempler avec plaisir le chef - d'œuvre de sa sagesse, semble s'applaudir dans son plus bel ornement et se faire un devoir d'être soumise à ses ordres.

Ici l'homme saisissant une arme redoutable, épouvante les animaux les plus féroces, les chasse des lieux qu'il habite , les force à respecter son séjour, et à cacher dans les déserts leur haine et leur cruauté ; il les lie, les enchaîne, les dompte, les accoutume à son joug; il se sert de la force des uns pour l'aider dans ses travaux, de la chair des autres pour couvrir sa table de mets succulens, et les fait tous également servir ou à son utilité, ou à ses plaisirs.

Là , l'homme sillonne la terre avec le fer de la charrue ; par des soins constans, il force les climats les plus stériles à se peupler de végétaux de toutes espèces ; il les force en quelque sorte à s'alimenter réciproquement, à contribuer par la transpiration à enrichir l'atmosphère des principes nutritifs, et par leurs débris à augmenter la végétation ; ainsi les campagnes, les côteaux, les vallons se couvrent continuellement des plus riches récoltes, et la riche parure dont s'embellit la terre semble le disputer en beauté à la magnificence des cieux.

Là, le fer de la coignée renverse les plus grands arbres; la scie, la hache, le rabot, les contournent; les pierres, le marbre, le fer, l'airain, l'argent, l'or, tous les métaux, sont tirés des entrailles de la terre; la dureté de leurs fils et de leurs particules cèdent au tranchant du ciseau, à la force pénétrante du feu; l'homme en forge des armes foudroyantes pour anéantir les ennemis de son bonheur; il élève des habitations commodes et magnifiques; des temples où il honore la nature, et entretient le culte de la raison, où il place les images chéries des amis de l'humanité, comme un monument de sa reconnoissance.

Enfin, l'état de société conduit encore l'homme plus loin; la nature soulève pour lui des voiles jusqu'alors impénétrables, et lui découvre ses secrets les plus cachés. Non-seulement il sait se garantir de l'injure des saisons, force la terre à cumuler ses dons, se tisser des vêtemens avec la laine et la soie des animaux; mais encore il apprend à se prémunir des éclats de la foudre; s'ouvrir un chemin nouveau dans l'immensité de l'air; rendre calcable le fluide des ondes; franchir l'espace des mers, et trouver dans les sucs des plantes et des végétaux des moyens de calmer ses douleurs, redonner une nouvelle élasticité à ses organes, et prolonger son existence.

Citoyens, consultons la raison ; demandons-lui comment tant de grandes villes se sont formées ? comment tant de superbes monumens se sont élevés ? qui a porté les sciences et les arts à un si haut degré de perfection ? qui a changé les mœurs agrestes, rudes et sauvages de nos pères, en douceur, politesse et urbanité? Interrogez la raison, elle vous répondra que l'étonnant progrès de la civilisation, parmi les hommes, a sa source dans la société, comme la société a sa source dans la nature, et cela, parce que l'homme réuni à un autre homme sent doubler ses lumières et ses forces, comme cent hommes réunis centuplent leur courage et leurs vertus.

Je viens de le dire, citoyens, les hommes réunis en société augmentent de lumières, de forces et de vertus en raison de leur nombre. L'immoralité, la corruption et l'égoïsme, n'ont fait tant de progrès chez tous les peuples ; le despotisme, l'aristocratie et le fanatisme n'ont écrasé les nations que parce qu'ils ont trouvé les hommes divisés, séparés, sans vertus, ou presque sans vertus sociales, conséquemment sans patriotisme, sans force et sans énergie : en effet, qu'étoient nos pères il y a cent ans ? sinon des esclaves des despotes, courbés sous le triple joug des prêtres, des nobles et des rois. Qu'étions-nous nous-mêmes il y a dix ans? des esclaves du plus lâche des tyrans, toujours tremblans devant ses vils satellites; nous étions des tristes victimes de la cupidité des financiers, de la vénalité des magistrats, de l'astucieuse avarice du clergé et de l'insolent orgueil des grands : nous étions témoins stupides de la débauche scandaleuse d'une cour profondément corrompue; témoins souffrans de l'inertie d'un gouvernement sans forces, sans principes et sans vigueur : le fruit de nos travaux, de nos veilles et de nos sueurs, n'alimentoient que le luxe et la prodigalité de tant d'êtres infâmes qui nous rassasioient de leurs mépris : dans un état si violent, osions-nous nous plaindre? l'exil, les prisons, les échafauds, les supplices étoient la récompense de notre patriotisme.

Mais que dis-je, patriotisme; le connoissionsnous il y a dix ans? non, il ne faut point le dissimuler; où il n'y a point de société, il n'existe point d'amour de la patrie, point de vertus sociales; la liberté, l'égalité, la fraternité, étoient pour nous des noms vains et inutiles; nos cœurs flétris, nos ames abattues sous le poids de tant de despotisme, étoient dans une espèce de stupeur pour nos plus chers intérêts, d'insouciance pour nos concitoyens, et d'indifférence sur le sort de la patrie.

Rappelons-nous l'époque à jamais mémorable où nous sortîmes tout-à-coup de cette honteuse léthar-

gie ; où tous les françois s'unirent par les liens in-
dissolubles de la fraternité ; alors nous sentîmes
notre force , notre liberté , notre indépendance ;
vingt-sept millions d'hommes brûlans de patriotisme se levèrent tous à-la-fois , se ressaisirent de
leurs droits , et proclamèrent sa souveraineté suprême : alors nous frappâmes le trône et la superstition ; aussi-tôt le trône s'est écroulé, la superstition a été anéantie : la constitution s'est levée ma-
jestueusement , et la république a été assise sur des
fondemens inébranlables. Ainsi donc la voix de la
raison se joint à celle de la nature pour établir que
l'homme est né pour la société ; qu'il ne peut trouver son bonheur physique et moral que dans l'état
de société. Il ne me reste plus qu'à prouver que c'est
aussi la voix du sentiment et le cri du cœur.

L'origine de la société est dans la nature ; si les
hommes se fuyoient mutuellement au lieu de chercher à se réunir en société , il faudroit en chercher
la cause , et demander pourquoi ils vivent séparés ;
mais ils naissent tous liés les uns aux autres; l'enfant
naît auprès de ses parens , il s'y tient , voilà la société et la cause de la société. L'état de famille est
une société , et l'état de famille est certainement
conforme aux vues de la nature.

Mais pourquoi recourir à des démonstrations
philosophiques , pour prouver ce qui est gravé dans
nos cœurs.

Amans passionnés, c'est vous que j'interroge! quel est ce sentiment vif et brûlant qui vous anime? est ce la crainte? est-ce la haine? ou plutôt n'est-ce pas le penchant de la nature qui vous porte à vous unir pour la conservation du genre humain?

Et vous époux fidèles! d'où vous vient cet amour constant, cet attachement durable, qui, dans la fleur de votre âge, la caducité de la vieillesse vous porte à vous aimer, à vous secourir mutuellement? N'est-ce pas la nature qui, après des journées passées dans le travail, la peine, quelquefois dans la douleur, vous fait trouver une joie si vive à vous consoler, à vous unir, vous serrer sur vos cœurs palpitans de tendresse? C'est la nature, ô homme, qui fait que tes yeux fuient le sommeil, que tes pieds devancent le jour pour voler dans les campagnes, dans les atteliers, y braver l'âpreté des hivers, l'ardeur du soleil : c'est là que l'agitation violente de tes bras couvre ton corps de sueur, épuise tes forces, et ébranle pour ainsi dire la vigueur de ton ame. Mais lorsque l'ombre favorable de la nuit te permet de regagner ton habitation, tu vois ton épouse aimable, tes enfans bien aimés, pour qui tu as essuyé tant de fatigues ; ils volent dans tes bras, te couvrent de baisers ; tu entends prononcer les noms chéris de père et d'epoux, cela suffit, tu oublies tes travaux, tu reprends une nouvelle vigueur, une douce et pure volupté est la récompense de la vertu et de ton amour conju-gal.

Mères tendres, dites-nous vous-mêmes, expri_mez-nous la force de l'amour avec lequel vous pressez dans votre sein des enfans dont la naissance vous a coûté tant de douleurs, qui, en mettant un pied sur la terre, vous en ont mis un dans le tombeau ! c'est la nature qui vous inspire ce sentiment impé-rieux, qui fait que vous leur prodiguez tant de soins, que vous les élevez avec des caresses si vives, que vous veillez sur leurs jours avec une si amoureuse inquiétude, avec tant de craintes et d'alarmes : c'est la nature enfin qui a rempli pour eux vos mammelles d'un lait maternel, qui le fait couler avec tant d'abondance ; qui fait que votre repos, votre félicité, votre gloire, se trouvent tout entier dans le bonheur de vos enfans lorsqu'ils sont vertueux, et qu'ils servent la patrie avec cou-rage et fidélité.

Et vous, jeunes enfans, qui assistez à cette séance ; n'est-ce pas la nature qui a mis dans vos cœurs respectueux cette piété filiale envers ceux qui vous ont donné la vie ? n'est-ce pas la nature qui vous apprend à considérer vos parens comme les images vivantes de ce grand être qui anime la nature pour vous donner la naissance, vous élever pour les vertus et la société. Cette profonde douleur qui vous affecte lorsque leurs jours sont en danger ; cette prompte obéissance à leurs ordres, cette vive reconnoissance pour leurs bienfaits, ne vous sont-ils pas dictés par la nature? n'est-ce pas la nature enfin qui fait que vous aimez vos pères et mères, et que vous les préférez à toutes choses, excepté la patrie?

Mais pour finir par un exemple touchant, jeunes guerriers, qui combattez nos ennemis avec tant de gloire, c'est vous que j'interroge! Lorsque les tyrans coalisés se réunirent à de perfides conjurés pour attaquer notre société françoise, renverser notre liberté et notre constitution. Lorsque les despotes vomirent des hordes de satellites sur notre territoire, et que des traîtres nombreux s'agitèrent en tous sens pour seconder leurs coupables desseins ; courageux volontaires, une ardeur subite s'empara de vos ames ; vos droits que ces monstres attaquoient étoient les droits de la nature, et la nature indignée enflamma vos cœurs du feu sacré de l'amour de la patrie ; vous frémîtes à la vue des maux qu'ils préparoient à vos concitoyens, vous vous arrachâtes des bras de vos pères et de vos mères ; de vos femmes et de vos enfans ; vous abandonnâtes vos frères et vos sœurs ; vos amis, vos amantes et tout ce que vous aviez de plus cher ; vous courûtes aux armes ; on entendit vos cris de fureur et de vengeance ; bientôt vos nombreux bataillons furent

formés ;

formés ; la terre s'ébranla sous vos pas rapides ; l'air fut obscurci de la fumée de vos tonnerres brûlans ; les phalanges ennemies furent rompues, renversées, mises en fuite ; la terreur et l'épouvante s'emparèrent de ces esclaves ; leurs corps sanglans et déchirés couvrirent la terre de liberté. Tyrans cruels, vous qui ne faites la guerre qu'avec l'or de la séduction, que vous appuyez sur la corruption et la perfidie pour attaquer une nation libre ; grande et généreuse ! qu'est devenu votre espoir insolent ? il est évanoui : que sont donc devenus vos barbares satellites ? ils sont terrassés : Lyon, Toulon, la Vendée, où sont-ils ? la vengeance nationale les a foudroyés. Où sont tous ces scélérats, ces traîtres, ces conspirateurs qui flattoient votre espoir ? leurs têtes criminelles sont tombées sous le glaive de la loi : que vous reste-t-il donc, ô despotes insensés ? la honte et les remords qui vous agitent, et la certitude qu'avant peu nous porterons l'étendard de la liberté jusques dans le fond de vos provinces.

Et vous, nos braves frères, vous dont la valeur a opéré des prodiges si étonnans ; vous, enfans et vengeurs de la patrie ; n'est-ce pas la nature qui vous a donné ce courage indomptable ; cette constance inébranlable, ce dévouement énergique, qui forme les héros, leur assure la victoire ? n'est-ce pas elle qui vous a dit que la société étoit son ouvrage ;

B

qu'attaquer la société étoit le plus horrible des attentats , en ce qu'il étoit dirigé contre la nature ?
oui , c'est la nature qui vous a dit : que tous les
hommes étoient ses enfans ; que leurs droits étoient
ceux de la nature même , et que le plus saint et le
plus sacré des devoirs étoit de répandre jusqu'à la
dernière goutte de son sang , plutôt que de souf-
frir que des monstres y portassent la moindre at-
teinte. Jeunes et généreux guerriers , vous avez
rempli vos devoirs en combattant pour nous, nous
remplirons les nôtres en vous témoignant toute
estime et notre reconnoissance.

Citoyens , j'ai prouvé que la voix de la nécessité ,
celle de la raison et le cri du cœur, concouroient
mutuellement à prouver que la nature avoit créé
l'homme pour vivre en état de société ; il nous restera
à parler des vertus que nous devons porter dans la
société , et des vices que nous en devons bannir.

O fraternité, aimable fille de la nature ! toi qui
fait le charme de la société, la force des républiques ;
répands sur toute la terre les vertus dont tu es la
source aussi pure qu'inépuisable ! éclaires, échauffes
tous les cœurs des feux de ton amour ; que tous les
hommes sachent enfin qu'ils sont frères! qu'ils
éprouvent les uns pour les autres cette tendre, cette
douce affection, cette sincère amitié, qui doit faire
leur commun bonheur. Divine fraternité , rap-

proches toutes les nations , réunis-les sous tes loix°
Que les françois sur-tout , que nos chers concitoyens se resserrent, s'embrassent, se pressent plus
que jamais dans ton sein ! bannis d'entre nous la
discorde, les divisions, la jalousie, l'égoïsme sur-
tout , le vil égoïsme qui tue les sociétés ; qu'il n'y
ait plus jamais d'envie, de haines, de calomnies ,
mais que nous ne soyions plus qu'un cœur pour
aimer la patrie, qu'une volonté pour obéir aux
loix, qu'un faisceau , qu'une montagne pour écraser nos ennemis : c'est toi , ô fraternité , qui nous
rassemble ici comme dans ton temple ; reçois nos
hommages purs et sincères avec le serment que nous
faisions de nous aimer, de nous chérir , de nous
secourir mutuellement , et de verser jusqu'à la dernière goutte de notre sang pour ta défense ainsi que
pour celle de tes augustes sœurs l'égalité et la
liberté. *Vive la République !*

SECOND DISCOURS

SUR LES CRIMES DES ROIS,

*Prononcé le 22 Janvier 1793, (vieux style)
par le même.*

CITOYENS, FRERES ET AMIS;

Ce jour nous rappelle une époque bien mémorable; il y a un an, la justice des peuples a remporté sur les tyrans un triomphe éclatant; la tête d'un roi, le plus grand des criminels, est tombée sur un échafaud pour expier ses attentats; l'aspect hideux de cette tête séparée du corps a frappé les rois de terreur, appaisé les mânes de nos frères sansculottes, et redoublé notre énergie.

Assez long-tems les despotes désoloient l'humanité ; assez long-tems la justice n'avoit pu les at-
teindre ; il falloit enfin que la France, par ce grand
acte d'équité, vengeât la nature, tuât les tyrans
et ressuscitât les peuples. La France dit aux nations :
apprenez à connoître la nullité des rois et votre
toute-puissance ; levez-vous, jugez et frappez vos
tyrans : — déjà les despotes voient leurs trônes
s'écrouler ; les peuples se réveillent ; semblables au
lion dans sa fureur, ils vont dévorer leurs oppresseurs.

Combien elle fut majestueuse, cette séance ! où,
dans le vaste silence d'une calme discussion, Capet
fut convaincu de perfidies, d'attentats aux droits du
peuple ; l'arrêt fatal fut prononcé, le supplice du
traître ne fut pas différé d'un instant ; son nom
sera dans une perpétuelle exécration.

Mais notre haine pour la tyrannie est-elle tombée
avec la tête du tyran ! Non, certes ; on verra plutôt
la Seine refluer ses ondes vers leurs sources ; les ser-
pens habiter avec les colombes ; les agneaux avec
les loups ; les despotes sont tous également injustes
et cruels ; tous ennemis des hommes libres ; nous
leur vouons à tous une guerre mortelle.

Citoyens, vous avez voulu que je vous entre-
tinsse des crimes des rois. --- Je vais donc dévoiler
leurs forfaits ; faire paroître leur turpitude ; vous

étonner par le récit de leurs atrocités, et vos cœurs frémiront à la vue de tant de millions d'hommes sacrifiés à leur ambition cruelle.

Pour soulever le rideau qui cachoit ce spectacle funeste, l'histoire me prêtera son burin fidèle, la vérité, ses mâles accens ; alors nous verrons les rois, non comme des êtres grands et bienfaisans, mais comme des monstres foibles, orgueilleux et inhumains.

Lorsque la nécessité de repousser des ennemis étrangers, d'étouffer des dissentions intestines ; ou bien lorsque des circonstances astucieusement amenées par des hommes ambitieux eurent conduit les nations à se donner des rois, il y eut un contrat et des sermens mutuels. Les peuples souverains voulurent certainement leur propre bonheur. --- Ils prétendirent mettre à leur tête des hommes justes, vaillans et amans de leur patrie ; des hommes assez sages pour maintenir le bon ordre ; assez équitables pour distribuer les peines et les récompenses sans partialité ; assez courageux, d'un civisme assez pur, pour se dévouer et mourir pour leurs concitoyens.

Telles furent incontestablement les intentions des peuples ; ils dirent à ces hommes en qui ils mettoient leur confiance : Nous te faisons roi ; nous te donnons une grande opulence et les moyens d'assurer notre repos et notre félicité : --- dépositaire de notre autorité, tu l'emploieras à faire régner les loix, protéger le foible, punir le crime, récompenser la vertu, maintenir la bonne intelligence, faire fleurir les talens, les arts, le commerce et l'agriculture ; tu 'éloigneras de nous le fléau de la guerre ; si elle est inévitable, tu nous feras triompher de nos ennemis : --- voilà tes devoirs ; si tu y es fidèle , notre amour, notre estime, seront ta récompense. Mais s'il étoit possible qu'à tes sermens tu fusses parjure, si nos espérances étoient trompées : --- trembles traître ! une terrible responsabilité pèse sur toi ; le glaive vengeur fera tomber à nos pieds ta tête criminelle. Ainsi le décrétèrent les peuples, et les rois le jurèrent : voilà, frères et amis, les bases du contrat-social entre les peuples et les rois : voyons comment elles furent exécutées, de quel côté furent les perfides et les coupables ; car c'est ici que commencent les crimes des tyrans.

Rois ! qui fîtes et qui faites encore le malheur du monde ! paroissez devant le tribunal des nations. Répondez : --- avez-vous fait régner les loix ; rendu une justice impartiale ; maintenu la tranquillité civile ; entretenu la paix extérieure ? Avez - vous combattu ; votre sang a-t-il été versé ; avez - vous donné votre vie pour la patrie ? Ah ! citoyens, vous le savez, les loix, la justice, sur lesquelles repose le bonheur social , étoient-elles connues des rois ?

Dans tous les siècles, comme chez tous les peuples, la justice entre les mains des rois n'avoit de bandeau sur les yeux que pour ne pas voir les crimes des nobles, des prêtres et des grands : --- Thémis atténuoit leurs forfaits suivant le poids de l'or qu'ils mettoient dans sa balance : -.- mais en même-tems sa main étoit armée d'un glaive foudroyant pour frapper impitoyablement les sans culottes foibles et indigens.

C'étoit nous, pauvres sans-culottes, que l'on enfermoit dans ces tours formidables; que la liberté, plus forte qu'Hercule, a renversées aux premiers jours de sa naissance: c'étoit nous que l'on jetoit dans ces cachots ténébreux, où si souvent l'humanité étoit outragée dans l'innocence abandonnée. C'étoit pour nous que les tortures, les échafauds, le feu et la mort étoient destinés; une erreur, une indiscrétion, une légère faute, attiroient sur nous des traitemens barbares et ignominieux.

Les rois méprisoient les cris des veuves et des orphelins dont les pères et les époux étoient assassinés par des traîtres; les larmes des familles lâchement déshonorées; la voix des nations inhumainement vexées; sourds à nos plaintes et à nos prières, les tyrans préféroient la recommandation d'un grand, d'une femme de débauche, à la sainteté des loix et à leurs propres sermens.

Les contributions n'étoient pas réparties plus équitablement que la justice ; il suffisoit d'être riche pour trouver des moyens de ne pas s'acquitter de cette dette sacrée envers la patrie, comme il suffisoit d'être pauvre pour être écrasé sous les charges de l'état.

Indépendamment de ces charges, la dîme, les droits féodaux, l'entretien du gibier, étoient encore exigés par des seigneurs orgueilleux et des ecclésiastiques avides, qui se réunissoient pour opprimer le pauvre, qui lui enlevoient le fruit de son industrie et de son travail pour alimenter leur luxe et leur mollesse.

A ces êtres vils se joignoient les financiers, ces pestes publiques, savans dans l'art d'étendre les contributions, de les multiplier et d'atténuer les réclamations du peuple, dont tout le mérite étoit d'être durs et impitoyables.

Tous ces ennemis des sans-culottes spéculoient leur propre bonheur sur notre misère ; ils osoient dire : plus le peuple sera pauvre, plus nous serons riches ; plus il sera foible, plus nous serons puissans ; plus il sera abattu, plus nous serons élevés : d'après cet exécrable systême, la subsistance même du peuple devenoit pour eux un moyen de l'accabler ; envain la terre cumuloit-elle ces dons ; envain se couvroit-elle de moissons abondantes, nos oppresseurs s'en emparoient, les enfouissoient, les perdoient jusques dans l'onde des fleuves et des mers : ainsi les greniers, les magasins, les marchés, n'offroient plus que les horreurs de la famine ; les campagnes ne pouvoient nourrir ceux qui les avoient fertilisées ; la sueur du pauvre étoit sans récompense, et il partageoit en pleurant la nourriture des animaux.

Cependant cette foule de sang-sues du peuple, engraissées de sa substance, passoient rapidement à la plus extrême opulence ; affichoient un luxe scandaleux ; promenoient leur insolent orgueil dans des carosses dorés ; habitoient des palais somptueux ; passoient les jours et les nuits dans des festins continuels avec des femmes dissolues : sous des superbes lambris, qui retentissoient du son mélodieux des instrumens de musique, et à la lueur brillante des flambeaux portés par des chandeliers d'or, ils s'asseyoient autour des tables splendides, où ils mêloient aux vins délicieux les viandes les plus délicates, pendant que le peuple dévoré de tous les genres de misères, tendoit envain ses mains au ciel pour implorer la protection que lui refusoient les rois. O nuées ! pourquoi verser sur la terre vos bénignes influences ! Soleil, astre éclatant, pourquoi la féconder par ta chaleur bienfaisante ! Et toi, terre, pourquoi prodiguer les trésors de ton sein si les méchans seuls profitoient de tes largesses.

Les rois, vous le savez, citoyens, au lieu d'employer ces trésors immenses qu'ils tiroient du peuple à secourir l'humanité souffrante; gratifier les défenseurs de la nation; récompenser les actions vertueuses; élever les jeunes citoyens; ouvrir des canaux et des routes au commerce; soutenir l'agriculture; entretenir l'abondance et accroître la prospérité de la patrie; les rois s'en servoient pour payer le crime; soutenir la corruption et vivre dans la pompe la plus fastueuse.

Les rois infidèles à tous leurs sermens, au lieu de civiliser les peuples, d'adoucir les mœurs, de faire aimer le travail et la paix, ne leur présentèrent jamais l'Olivier sacré; le signe aimable de la fraternité et de la concorde. Au contraire, sacrifiant les trésors, le sang et la vie des hommes à leur ambition, ils les plongèrent dans des guerres et des dissentions éternelles.

La nature avoit formé les hommes pour vivre en société; elle avoit séparé les nations par des fleuves, des montagnes, des vastes mers, ils pouvoient vivre dans une profonde paix; mais les rois paroissent sur la terre, et soudain la discorde et tous ses vices ébranlent l'Univers de leurs poisons et des convulsions de la fureur; les hommes s'armant de fer destructeur s'attaquent et s'égorgent les uns les autres.

Oui, citoyens, depuis qu'il existe des rois, le sang n'a cessé de se répandre par torrens; hier, c'étoit l'Asie; aujourd'hui, l'Europe; tantôt, l'Afrique, et demain l'Amérique, sont ravagés par la guerre. Que sont devenus les Egyptiens, les Assyriens, les Perses, les Macédoniens, les Grecs, les Carthaginois, les Romains, les Goths, les Vandales, les Péruviens et les Mexiquains, toutes ces illustres nations qui ont paru dans le monde avec tant de gloire, ils sont anéantis; leurs rois cruels les ont sacrifiés à leur avarice, à leur ambition et à leur vengeance. Pourquoi les bords du Rhin, les rives de la Mozelle, les plaines de Flandres, les Alpes et les Pyrénées retentissent-ils du bruit des armes, sont-ils aujourd'hui inondés de notre sang, et de celui de nos ennemis? pourquoi tant de nations se précipitent-elles sur nous avec férocité? ce sont leurs tyrans qui, tremblans pour leurs trônes, les poussent pour écraser notre liberté.

Mais ces rois si téméraires, pour susciter des guerres injustes, avoient-ils au moins de la bravoure pour les soutenir! O les infames! c'étoient les plus lâches des êtres; amollis par la volupté ils s'enfermoient dans leurs palais avec des troupeaux de femmes et de courtisans pour y goûter en paix les délices, les plaisirs d'une honteuse volupté, pendant que les sans - culottes bravoient les périls

les plus affreux, remportoient les victoires au prix
de leur sang, et restoient sans récompenses, sans
ressources et couverts d'honorables blessures.

O rois ! voilà comme vous fûtes toujours traîtres
et parjures ; vous vous disiez les pères du peuple,
et vous l'accabliez de tous les maux ; vous prétendiez
être les images de la divinité ; c'étoit donc pour la
faire haïr ? Dieu créé, nourrit et conserve tous les
hommes ; vous, vous les faites périr. Mais l'heure
de la vengeance est arrivée, et déjà elle tombe sur
vous.

Frères et amis ; nous avons vu les rois oubliant
leurs sermens se servir de la puissance qu'ils tenoient
des peuples pour fouler aux pieds les droits les plus
sacrés, et attirer sur ceux qu'ils devoient défendre
les plus terribles fléaux ; les abandonner aux vexa-
tions odieuses des riches et des grands, aux dé-
sastres de la guerre, et aux horreurs de la famine ;
il ne nous reste plus qu'à jeter un regard rapide sur
quelques-uns d'eux pour nous convaincre que n'ayant
aucunes vertus, ils rassembloient tous les vices, et
qu'ils n'existoient que pour la ruine des citoyens.

En effet, à peine y a-t-il des rois que la liberté
des peuples est opprimée ; que l'égalité disparoît,
que la terre est désolée et en proie à tous les fléaux.

Je vois dans les siècles les plus reculés un Sésos-
tris, roi d'Egypte, qui sort de son pays avec une

nombreuse armée, et qui, pendant vingt ans, sou-
met à sa puissance soixante-dix nations. Il rentre
dans sa capitale traîné sur un char par soixante-dix
rois enchaînés, et suivi d'une multitude innombrable de captifs.

Ici c'est Saül, roi des Juifs, qui, sur un prétendu
ordre de Dieu, attaque les Amalécites avec deux
cents mille hommes; qui extermine tout ce qui
est vivant, jusqu'aux animaux, et qui brûle jusqu'aux récoltes.

Et là, c'est David, ce serpent vénimeux qui dé-
chira sa patrie par les guerres civiles; qui l'abandonne ensuite pour passer chez ses ennemis; qui,
à peine monté sur le trône, désole tous les peuples
voisins par une guerre perpétuelle qu'il fait en tigre,
en antropophage. Vainqueur des Ammonites, c'est
envain que l'on implore sa clémence; quarante mille
prisonniers, capables de porter les armes; une multitude innombrable de vieillards, de femmes et
d'enfans, sont, par ses ordres, liés, couchés sur le
dos, les yeux tournés vers le ciel, et, dans cet état,
il lâche sur eux sa cavalerie et ses charriots armés
de faulx; le vieillard décrépit, le jeune adolescent,
la fille encore vierge, l'enfant à la mammelle, l'enfant dans les entrailles de sa mère; tous sont brisés
sous les pieds des chevaux, sous le poid des roues,
et périssent sans trouver de vengeur. David rentre

dans son royaume ; il fait enlever la femme d'un brave citoyen, la déshonore, et fait lâchement assassiner son mari. Ensuite il offense Dieu par orgueil, et son péché retombe sur le peuple ; soixante-dix mille citoyens périssent en trois jours par le fléau de la peste. David est coupable du crime le plus atroce, et il faut que des milliers de personnes périssent pour expier sa barbarie. Les prêtres cependant nous montroient David comme un prophète, un saint, et l'oint du Seigneur.

Passerons-nous sous silence Salomon, le plus voluptueux des rois, qui avoit sept cents femmes et trois cents concubines ; si chacune de ces créatures aimoit la pompe, quelle dépense énorme, quelle charge aggravante pour le peuple ; ce Salomon (selon les prêtres) étoit cependant le plus sage des rois : sage pour eux, à la bonne heure ; mais, pour nous, Salomon étoit sage comme Marie Antoinette, ou comme Louis XV, dont la maladie et la mort honteuse attestèrent hautement la dépravation de ses mœurs et la corruption de son cœur.

Passons par-dessus tous ces rois des Juifs, des Assyriens, des Egyptiens, et de tous les autres peuples qui se succédoient les uns aux autres par une longue suite de meurtres, d'assassinats et de carnage.

Ici c'est un Nabuchodonosor qui fait adorer ses

statues, qui exige de l'encens, et qui fait jeter dans des feux terribles ceux qui offrent leurs prières à d'autres qu'à lui seul.

Là, c'est Sardanaple, roi d'une grande partie du monde, qui abandonne le soin de son empire, s'enferme dans son palais, et y passe honteusement ses jours à filer au milieu de ses femmes toutes nues.

D'un autre côté c'est une Sémiramis qui usurpe le trône de son fils, régne dans toute l'Asie, qui, brûlant d'ambition comme d'impudicité, trouble tout l'Univers, porte en cent lieux une guerre cruelle ; se livre, s'abandonne à tous les hommes qui lui plaisent ; s'efforce d'asservir avec eux sa paillardise, les fait ensuite mourir pour cacher son déshonneur ; en vient jusqu'à cet excès que de forcer son propre fils de commettre un inceste avec elle.

Vous frémissez, citoyens ; sachez qu'une nouvelle Sémiramis régne présentement dans le Nord ; c'est Catherine, impératrice des Russies, non moins ambitieuse que Sémiramis ; elle est montée sur le trône en foulant le corps sanglant de son époux, c'est par un parricide qu'elle domine sur le plus grand empire qui ait jamais existé ; d'une main elle fait trembler l'Orient, de l'autre elle asservit la Pologne, et menace notre république.

Une autre scène va s'ouvrir ; c'est Cyrus, roi des Perses, l'idole de cette nation qui le regarde comme

le

le plus juste, le plus vaillant et le plus libéral des
rois; avant lui, les perses étoient pauvres, mais
aimoient le travail, la frugalité et la bonne foi;
Cyrus les arrache à leurs occupations innocentes,
les exerce aux combats; le fer de leurs houlettes,
de leurs charrues, se changent en piques, en dards
homicides; à leur tête, il détruit les Assyriens,
les Babylonniens, les Egyptiens, les Syriens, les
Lydiens, et vingt autres peuples dont il se forme
un empire redoutable. Quelle justice de détourner
un peuple de ses douces occupations, lui faire perdre
ses mœurs modérées pour l'entraîner de guerres en
guerres, de batailles en batailles, pour lui inspirer
l'amour des dissentions, le penchant à la violence,
et l'habitude du carnage! quelle libéralité de dépouiller des nations de leur liberté et de leurs biens,
pour les partager avec les ministres et les satellites
de son brigandage.

Mais voici le plus grand des rois, le plus fameux
des conquérans, le plus illustre des guerriers, le
grand Alexandre. La nature l'avoit doué du courage le plus intrépide, du plus puissant génie pour
la guerre, et la fortune n'abandonna point son char;
roi à vingt ans, à la tête d'une armée peu nombreuse
mais toute composée d'hommes audacieux, pleins
de courage, et exercés aux combats; il attaque les
villes les plus fortes, les nations les plus nombreuses,

les peuples aguerris; tous sont vaincus, perdent leur liberté et reçoivent des fers; c'est un torrent impétueux qui se répand dans les campagnes; l'Europe, l'Asie et l'Afrique, sont subjugués, et sa valeur plus rapide que la foule, fit taire la terre devant lui. Tel fut Alexandre; les prêtres, les poëtes, les historiens, se sont épuisés à faire son éloge; ils en ont fait un Dieu; les peuples séduits lui élevèrent des temples, dressèrent des autels, et lui rendirent des honneurs divins.

. Qui ne croiroit après cela qu'Alexandre ne fût effectivement un grand homme? oui, un grand homme pour ces êtres vils qui méprisent leurs semblables, et qui méconnoissent les loix de la nature; mais pour les philosophes, les sages, les amis de la raison, cet Alexandre n'étoit que le fléau de l'humanité.

C'est vous que j'interroge, lâches flatteurs des rois; par quels actes de vertus et de bienfaisance s'est-il signalé? quelles larmes a-t-il essuyées? quelles infortunes a-t-il consolées? quels malheurs a-t-il adoucis? Quoi! Alexandre, semblable au Pélican, qui déchire le sein de sa mère, ne cesse de ravager la terre et d'outrager la nature; tue des millions d'hommes; enchaîne les nations, réduit des empires en solitudes; veut être reconnu pour un Dieu, et exige l'adoration des hommes; poi-

(35)

gnarde à sa table ses plus fidèles amis, fait périr
dans des tortures affreuses les hommes libres qui
refusent de lui offrir de l'encens. Alexandre seroit
un Dieu! non, certes; il ne fut jamais qu'un monstre
d'orgueil, que le plus terrible destructeur de l'humanité.

Depuis Alexandre jusqu'aux Césars, l'histoire
ne nous montre toujours que des rois tout-à-la-fois
lâches et sanguinaires, avares et prodigues, et ne se
signalant que par des forfaits; tels que les Prolé-
mée, les Antiochus, les Cassandre, les Anti-
gome, les Phraate, les Mitridate, et mille autres
tyrans de ce genre.

Nous touchons présentement à l'histoire des
Romains. Pourquoi faut-il que les bornes d'un discours ne me permettent point de vous entretenir des
crimes liberticides qui renversèrent la république
de Rome. Cette république, fondée par le patriotisme de Brutus, qui lui immola ses propres enfans;
cette république, ennemie des rois, que soutinrent
si long-tems les vertus des Caton, des Scipion,
des Paul Emile, des Scévola, des Cicéron, des
Publicola, des Décius, et d'une foule d'autres vertueux républicains, et qui fut déchirée et renversée
par les guerres civiles, les proscriptions et les forfaits des Gracques, des Catalina, des Marius, des
Scylla, des Pompée et des César.

Ce César que Rome avoit élevé, dont elle admiroit les talens politiques et la rare valeur; César étoit débauché contre nature, et commit le plus horrible des forfaits en renversant les loix de sa patrie, et asservissant sa république. Mais pour anéantir la liberté romaine, combien de combats, de sang répandu; combien de citoyens sont descendus dans le tombeau à la fleur de leur âge. --- C'est à ce prix que César est monté sur le trône! On regarde ce monstre comme un grand homme. Les chefs de la maison d'Autriche s'honorent de porter le nom de César! Maison cruelle, ambitieuse, ennemie des hommes libres, cesse de t'énorgueillir d'un nom souillé de tant d'atrocités; les peuples se réveillent; ils briseront ton sceptre sanguinaire.

Au travers de cette multitude d'empereurs qui occupèrent le trône de César, je distingue un Néron qu'aucun tyran n'égala en cruautés; c'étoit moins un homme qu'un antropophage insatiable du sang humain; il outragea la nature en violant ses propres sœurs, et les poignardant de ses mains; il égorgea son frère, son beau-père, sa mère; empoisonna une de ses femmes, et en éventra une autre; il fit périr une infinité de citoyens dans les tourmens, par le feu et la famine.

Un pareil monstre eut des imitateurs; Domitien, Calligula et Héliogabale à Rome; Mahomet II à

Constantinople, qui fit égorger tous ses frères, et mourir toutes les femmes de son père, sans épargner celles qui étoient enceintes.

Louis XI en France, dont la cruauté raffinée fit périr tant d'innocentes victimes par des supplices nouveaux et horribles ; qui faisoit répandre leur sang sur la tête de leurs enfans enchaînés sous l'échafaud.

Combien le fanatisme de Louis IX (dit le Saint) ne coûtat-il pas de sang à la France ? Cet insensé abandonne sa patrie pour aller à douze cents lieues faire la guerre à des peuples qui ne le connoissoient pas ; la fleur de la jeunesse françoise périt ; Louis est fait prisonnier, et il faut, pour le délivrer, que la France s'épuise ; que les temples et les particuliers soient dépouillés ; il revient, et ramène la peste avec lui ; cette terrible maladie désole la France et l'Europe ; elle enlève des millions d'hommes, ainsi le fanatisme d'un roi est funeste à des nations entières.

Non - seulement les rois ont souillé l'ancien monde de leurs forfaits, mais ils ont encore porté leur fureur dans le nouveau, dans l'Amérique. C'est envain que des espaces immenses, que de vastes mers séparoient les peuples de ce continent des tyrans de celui-ci ; à peine Christophe Colomb avoit-il découvert qu'il existoit des peuples nouveaux, que l'avide espagnol entreprit de les subjuguer; non pour les civiliser, leur enseigner les sciences et les arts, mais pour les dépouiller de leurs trésors. Deux grands empires existoient dans cette partie du monde, le Pérou et le Mexique; les peuples y étoient nombreux, mais doux et sans défiance; le cruel Fernand Cortez, et le féroce Pizaro, entrent dans ces riches contrées, portent par tout la désolation, donnent la mort à plusieurs millions d'hommes, et réduisent les autres en esclavage. Les noms de Péruviens et de Mexiquains disparoissent de dessus la terre; ceux qui le portoient sont chargés de fers, et forcés d'ouvrir les entrailles de la terre pour en tirer l'or après lequel l'avide espagnol soupire; ces monstres exercent des chiens à attraper et déchirer les flancs des malheureux indiens qui tenteroient de s'échapper.

Et ce sont ces espagnols qui se donnent pour francs, pleins d'honneur et de religion, qui se coalisent aussi pour faire périr notre liberté, et nous donner des chaînes; c'est la mort qu'ils cherchent sur notre territoire, et en la leur donnant nous vengerons nos propres injures et les cruautés qu'ils ont exercées dans les Indes.

D'après ce que vous venez d'entendre, vous pouvez juger de cette multitude d'empereurs, de rois, de princes et de souverains, qui, depuis tant de siècles, ont paru dans le monde ; il est inutile de vous entretenir des tyrans qui ont tourmenté les différens peuples de l'Univers, ce seroit toujours le même spectacle, le spectacle hideux des rois méprisant les intérêts du peuple et le sacrifiant ; finissons par une réflexion bien triste, bien vraie, mais qui doit bien imprimer dans nos cœurs une haine implacable pour les despotes. Si le monde presqu'entier a été, et est encore gouverné par des rois ; si tous ces rois ont violé leurs sermens en opprimant les peuples, et substituant leurs propres passions aux loix du peuple, seul souverain légitime ; si tous ces rois ont abandonné les peuples à la vexation de leurs courtisans, des riches et des grands, à l'insatiable avarice des prêtres et des financiers ; si, enfin, au lieu de protéger le peuple, de le défendre, de le faire jouir de la paix, ils l'ont eux-mêmes entraîné dans des guerres terribles et perpétuelles ; combien est donc déplorable la condition des peuples sous le régne des rois !

Peut-on penser, sans frémir, à des guerres de sept, vingt, trente, quarante, cent, deux cents ans qui ravageoient la terre sans presqu'aucune interruption ! Ainsi le pauvre sans-culotte naissoit et mouroit au milieu du bruit des armes, sans avoir jamais connu les douceurs de la paix. Mais ces guerres étoient-elles justes, indispensables, et avoient-elles pour but le bonheur du peuple? le bonheur du peuple! Fut-il jamais compté pour quelque chose dans les conseils des rois; l'ambition des monarques, la basse jalousie des ministres, des intrigues de cour, l'intérêt de quelques famillles; telles étoient les causes de ces guerres qui ont fait couler des fleuves de sang, et moissonné des milliards d'hommes.

Si tant de trésors dissipés, si tant de millions d'hommes armés pour s'entre-détruire, eussent été employés à ouvrir des canaux et des routes; dessé-cher des marais, planter des forêts; fertiliser des plaines arides, construire des ports et des vaissaux; élever des hôpitaux et des chaumières à l'indigence; grand Dieu, que l'espèce humaine seroit nom-breuse! que la face de la terre seroit belle! les dé-serts du Nord, ceux du Midi présenteroient des habitations, des bourgades, des villes, des cam-pagnes, des côteaux, des valons fertiles, où la nature prendroit plaisir à établir les richesses de ses productions; au lieu qu'une grande partie de l'Uni-vers n'offre encore aux yeux attristés qu'une aridité affligeante.

Qui a donc établi les rois sur la terre? est-ce le ciel en courroux? sont-ce les flots de la mer irritée? ou l'explosion brûlante des volcans qui les y ont vomi pour dévorer les peuples? Les rois régnent; leur moindre passion, leur moindre faute, conduisent des milliers d'hommes à la mort; et pour soutenir leurs passions et leurs fautes, il faut encore que des milliers d'hommes périssent. Ce n'est certainement pas là le vœu de la nature; cette tendre mère, cette mère sage et bienfaisante; mais c'est ainsi que l'ont ordonné la cruelle politique et l'orgueil des despotes.

Rois injustes! combien de fois avez-vous méprisé la voix du sang si inhumainement, si lâchement répandu! combien de fois vos oreilles ont-elles été sourdes aux cris des peuples épuisés qui réclamoient votre pitié, et vous demandoient la cessation de tant de fléaux! Innaccessibles et sourds à nos plaintes à nos justes demandes, à nos respectueuses prières, la terreur entouroit vos palais, une garde terrible nous en repoussoit sans cesse, et nous étions obligés de dévorer dans le silence de nos humbles chaumières les affronts, les opprobres, les ignominies dont vos lâches flatteurs, vos vils courtisans nous accabloient tous les jours.

Mais le jour des vengeances est arrivé, les peuples se lèvent pour juger, sévir et frapper leurs tyrans; mânes de nos frères, qui furent victimes des rois; vous qui pérîtes dans cette foule de guerres impies, que suscita leur ambition; vous dont les membres furent injustement déchirés sur les échafauds; vous qui pérîtes dans de sombres cachots et sous le poids des chaînes; vous que la misère, la famine, l'exil, privèrent du jour; vous tous que l'insouciance, la vengeance et la cruauté des rois firent descendre dans le tombeau, ranimez vos cendres; sortez de dessous la terre; venez, paroissez, planez sur nos têtes; secouez et agitez les indignes fers dont vous fûtes chargés, montrez-nous les plaies dont vous fûtes déchirés; accusez les rois; que votre sang demande vengeance et s'élève contre eux. Soyez témoins de l'anathême que nous prononçons, de la haine éternelle que nous leur jurons.

Malédiction! guerre éternelle! mort aux rois! mort aux tyrans! vivent les sans-culottes! vive la liberté! vive la république!

TROISIÈME DISCOURS

SUR LES CRIMES DES PRÊTRES,

PRONONCÉ A LA SOCIÉTÉ POPULAIRE,

Par le même, le 30 Ventôse, deuxième de la République.

LES CRIMES DES PRÊTRES.

CITOYENS,

Ce jour est destiné à manifester, d'une manière franche, notre renonciation à toute superstition; déjà nous avons solemnellement abjuré un culte plein d'absurdités; nous avons rejeté de notre sein les ministres de ce culte; ces prêtres hypocrites et intolérens; tous les signes de cette religion mensongère sont disparus; nous leur avons substitué les emblêmes de la liberté et de l'égalité. Aujourd'hui, pour témoigner hautement que nous avons secoué ce joug ridicule, que nous détestons l'erreur et les charlatans qui nous la présentoient sous le masque de la vérité; citoyens, entretenons-nous des crimes des prêtres, publions leurs forfaits, déchirons le volle qui couvroit ces amas d'impostures; mettons les prêtres à nus; découvrons la turpitude et l'hideuse existence de ces êtres avares, voluptueux et cruels, qui, se prétendant dépositaires de la puissance de Dieu même, se disoient médiateurs entre lui et les hommes, et, au nom de la divinité, fouloient aux pieds les mortels. Ce sera une preuve convaincante que nous avons rompu avec eux sans retour; que nous n'avons d'autre Dieu que l'auteur de la nature; d'autre culte que celui de la raison, d'autres loix que notre sainte constitution, d'autre morale que les vertus civiques.

La nombreuse nomenclature des crimes des prêtres se divise naturellement en deux classes; crimes contre la divinité; crimes contre l'humanité; car les prêtres n'étoient pas moins impies envers Dieu, que sanguinaires envers les hommes. Pour nous en convaincre, consultons la raison, interrogeons l'histoire et notre propre expérience.

Il existe un Dieu, citoyens, un Dieu auteur de la nature; être incompréhensible, mais dont l'existence est profondément gravée dans nos cœurs; être impalpable, mais dont la présence en tous lieux se fait sentir; être qui comprend tout, en qui tout est compris; qui est l'ame de l'Univers, le principe et la fin de tout ce qui existe.

La vaste étendue des terres et des mers, la multitude de ces corps lumineux qui roulent perpétuellement dans l'immensité de l'air, annoncent sa puissance et sa grandeur. La distinction et la cohérence des élémens, le retour périodique des saisons, la régularité avec laquelle le soleil fournit sa carrière bienfaisante, le cours invariable des rivières et des fleuves qui sortent et rentrent continuellement dans l'abîme des mers, publient sa sagesse admirable. La terre et la diversité des animaux qui l'habitent, la superbe parure qui embellit sa surface; la terre toujours féconde, toujours fructueuse, et distribuant la nourriture à tout ce qui respire, la terre aussi célèbre sa bienfaisance.

Citoyens, voilà le Dieu de la nature; la puissance qui crée tout; la sagesse qui régle tout; la bienfaisance qui nourrit tout; voilà ses perfections; l'Univers où éclate sa magnificence, voilà son temple ; le cœur de l'homme juste, voilà son autel ; la pratique de toutes les vertus, voilà son culte. A ces traits sublimes, reconnoissez-vous le Dieu que nous annonçoient les prêtres ? non, certes ; ces imposteurs blasphêmoient l'être suprême, lui prêtoient leurs passions et leurs crimes pour les diviniser ; ils nous représentoient l'éternel, non comme un père tendre, qui bénit, embrasse et protége des enfans chéris ; mais comme un Dieu sombre, chagrin, jaloux, vengeur et implacable ; comme un tyran, armé de foudres, toujours prêts à lancer ; comme un despote écrasant l'Univers de la pesanteur de son joug, désolant la terre par des fléaux épouvantables, poursuivant les hommes, même au-delà du trépas par des supplices affreux et éternels.

Ouvrons les livres des prêtres, ces livres qu'ils qualifioient d'oracles divins, nous y verrons la plus ridicule extravagance, réunie à la plus atroce barbarie ; l'humanité persécutée ; la divinité blasphêmée. En effet, la création des anges, celle du monde ; la formation de l'homme, le paradis terrestre ; l'arbre de la science, celui de l'immortalité ; la formation de la femme, sa tentation, la chûte de l'homme, sa proscription, l'anathême lancée contre le genre humain, le déluge, sont autant de mensonges que de mots, et ne devroient inspirer que le mépris dû au comble du ridicule et de la sottise,

s'ils ne renfermoient en même-tems des blasphêmes impies contre Dieu même.

Comment! un Dieu souverainement juste créeroit des anges, et il en précipiteroit la moitié dans
les flammes; comment! Dieu créeroit l'homme avec
des passions irrésistibles, et pour avoir suivi ces
penchans, qu'il ne pouvoit maîtriser, il le puniroit
par la mort; que dis-je, il étendroit sa vengeance,
au-delà de la mort même, par des tourmens ef-
froyables et sans fin; bien plus, la masse entière du
genre humain seroit proscrite; l'enfant même dans
les entrailles de sa mère; et, après les générations
les plus reculées, seroit enveloppé dans cet anathême, et nous serions tous dévoués à brûler éter-
nellement dans les flammes.

Comment! Dieu est tout-puissant, il est père
de tous les hommes, il peut les rendre vertueux,
et il les abandonne à leurs passions; au lieu de les
changer, de les convertir au bien, il se repent
d'avoir fait l'homme, se fâche, entre en fureur,
submerge tout l'Univers, et ensevelit tous les
hommes sous les eaux. Ces hommes cependant
avoient des enfans dans la tendresse de l'âge, des
enfans au berceau, des enfans dans le sein de leurs
mères; étoient-elles coupables ces malheureuses
créatures? falloit-il qu'elles périssent aussi dans ce
déluge? que dirions-nous d'un père qui, pouvant

Inspirer la sagesse à ses enfans, ne leur donneroit que des vices? qui, pouvant les porter à la vertu, les laisseroit à leurs passions, et qui, pour les punir de sa propre insouciance, les précipiteroit dans les flots d'une rivière; n'enverriez-vous pas ce père parricide à l'échafaud pour un crime aussi atroce? O blasphêmes! ô mensonges impies! ô prêtres politiques, cruels! quelle idée voulez - vous donc nous donner de la justice de Dieu ? seroit-ce là le caractère bon et bienfaisant de l'être suprême? ah! s'il en étoit ainsi, bien loin que l'Eternel méritât notre amour et nos adorations, nous ne pourrions que le détester, que l'abhorrer comme le plus cruel fléau de l'humanité.

Ici, Dieu maudit Canaan et toute sa race, parce que son père Cham avoit manqué de respect à son grand père Noé.

Là, Dieu descend du ciel pour voir la tour que bâtissoient les enfans des hommes; il craint qu'il ne persiste dans leurs desseins; et, pour les empêcher, il confond leur langage, ensorte que ne s'entendant plus les uns les autres, ils se dispersent dans toute la terre.

Sodôme et quatre autres villes sont consumées par le feu du ciel, parce que les hommes y étoient débauchés contre nature : mais les femmes n'étoient pas coupables, les filles étoient innocentes; et les

tendres

(43)

tendres enfans, qu'avoient-ils fait pour périr dans
les flammes? Loth seul est épargné : la malheureuse
Sodôme fume encore sous la foudre qui l'a frappée,
pendant que Loth, ce juste si favorisé de Dieu,
commet un inceste avec ses propres filles et en
obtient des enfans.

Plus loin, Dieu désole toute l'Egypte, la couvre
de deuil, y extermine au même jour, et à la même
heure, des milliers d'enfans, ensevelit toute l'armée
d'Egypte dans les flots de la mer, pendant que les
Israëlites passent au travers à pied sec, sans le
moindre danger, comme sur un chemin bordé d'une
superbe avenue d'arbres et couvert d'un sable très-
délié. Les Egyptiens n'étoient-ils pas enfans de Dieu
ainsi que les Israëlites ? Pourquoi tant de prédilec-
tion pour ceux-ci, tant d'inhumanité pour ceux-là?
quand deux frères se querellent, leur père commun
doit-il assommer l'un pour secourir l'autre ?

Que voyons - nous dans les livres des prêtres ?
un Moyse qui retient tout un peuple pendant quarante ans dans un affreux désert, et l'y fait périr
dans un entier dénuement des choses les plus nécessaires à la vie ; qui persuade à ce peuple qu'il a des
entretiens secrets avec Dieu, s'érige en législateur,
donne à ce peuple des loix absurdes et barbares,
fait égorger vingt-deux mille citoyens pour avoir
dansé devant un veau doré, et en fait périr quinze

D

mille autres qui avoient murmuré de cette atrocité.
Cependant ce Moyse, si politiquement cruel, est
appelé, par l'écriture, le plus doux des hommes,
le plus grand des serviteurs de Dieu.

Nous voyons dans ces livres l'âne de Balaam qui
parle; le fleuve du Jourdain qui remonte vers sa
source; les murs de Jéricho qui tombent au son des
trompettes; le soleil et la lune qui s'arrêtent à la
voix de Josué; trente-deux nations exterminées par
l'ordre de Dieu; Gedeon qui met en fuite une armée innombrable, avec trois cents hommes armés
de lampes; Jephté qui égorge sa propre fille, et qui
en offre le sang au Seigneur; Samson, dont la force
est dans les cheveux, qui tue mille Philistins avec
une mâchoire d'âne; une source d'eau qui sort d'une
des grosses dents de cette mâchoire pour le désal-
térer. Deux prêtres Ophin et Phinéès, qui séduisent
les femmes qui viennent adorer Dieu dans son ta-
bernacle, qui commettent des adultères avec elles;
ce crime, au lieu de retomber sur la tête de ces
prêtres infâmes, est expié dans le sang de trente-
deux mille citoyens qui périssent victimes de leur
incontinence; le prophète Samuel qui, par un
ordre exprès de Dieu, fait égorger toute une nation; Dieu lui-même qui frappe à mort cinquante
mille Bethsanistes, parce qu'ils ont regardé dans
son arche d'alliance, et qui tue aussi l'infortuné Oza

pour avoir soutenu cette arche, et l'avoir empêché de tomber.

Nous y voyons, dans ces livres, Elie qui passe les rivières sur son manteau, qui fait brûler deux cents hommes par le feu du ciel, égorger deux cents cinquante prêtres qui n'avoient pas le même pouvoir; cet Elie qui monte au ciel sur un char de feu, et qui doit encore revenir sur la terre. Elizée qui, avec son bâton, ressuscite les morts, même après être lui-même mort et enterré. Le diable qui plaide contre Job devant le trône de Dieu; Habacus qu'un Ange enlève par un cheveu, qui le transporte en un instant à cent lieues pour donner à dîner à Daniel; qui étoit dans une fosse avec sept lions affamés qui ne lui faisoient point de mal; Jonas englouti par un poisson monstrueux, qui se promène et chante des cantiques au seigneur dans le ventre de ce poisson, pendant trois jours, et qui en est revomi sur la terre. Nabuchodonosor changé en bête pendant sept ans, et qui redevient homme. Une main sans bras, ni corps, qui, en trois mots, écrit sur une muraille l'arrêt de Balthasar; un diable, qui s'appelle Asmodée, et qui tue les sept premiers maris de Sarra, parce qu'ils vouloient consommer leur mariage. Ezéchiel à qui Dieu commande de manger son pain avec des excrémens pour annoncer aux Israëlites qu'ils seroient affligés de la famine:

Ozée à qui Dieu ordonne de commettre trois adultères, avec des femmes publiques, et d'en avoir
trois enfans, pour reprocher aux mêmes Israëlites
leurs dissolutions.

Mais cessons, citoyens, cessons de nous entretenir de tant de mensonges, d'extravagances et de
blasphêmes, qui ne sont plus que du domaine de
la fable, et dont l'histoire ne pourra reparler qu'en
rougissant : nous en avons assez vu pour connoître
le tout, et être convaincus que les prêtres y outragent
sans cesse l'éternelle vérité, la justice et la bienfaisance de Dieu. Ces imposteurs ne nous représentoient Dieu sujet à la fureur, à l'injustice et à la
vengeance, que pour sanctifier leurs passions et
leurs crimes ; pour lier nos ames par la crainte et
nous faire adorer le joug qu'ils nous imposoient.

Tels étoient cependant les livres qui faisoient la
base de notre religion ; ces livres prétendus saints
et sacrés, que les prêtres nous proposoient comme
des sujets d'édification, sur lesquels ils vouloient
que nous appliquions respectueusement nos lèvres ;
que nous les pressions religieusement contre notre
cœur, comme pour y faire passer le venin dont ils
sont remplis ; telle étoit la prudente instruction
dont les prêtres nourrissoient chaque jour l'esprit
de ceux à qui ils devoient les conseils de la vertu,
et qu'ils désaltéroient avec le poison du crime. Mais

aimer son prochain , telle fut la religion ; tel fut le code qu'il présenta aux peuples , et que les peuples adoptèrent avec empressement, car , dans les tems d'oppression, plus la vérité est persécutée, plus tout ce qui en porte le caractère sublime est saisi avec ardeur par les cœurs amans de la vertu et de l'humanité. C'est ainsi que les brûlans écrits de Marat portoient la conviction dans nos ames , les embrâsoient du patriotisme ardent qui dévoroit le cœur de l'Ami du Peuple ; et si Jésus eût existé de nos jours , nous l'eussions vu s'élancer au sommet de la Montagne , s'y placer à côté des Marat et des Pelletier , tonner avec eux contre les tyrans et les traîtres ; nous l'eussions vu comme eux périr sous le fer des assassins.

La morale de Jésus s'établit donc parmi le peuple ; envain les prêtres, qui ne veulent point de loix sans mystères ; les rois, qui ne veulent point de gouvernement sans despotisme, voulurent s'opposer à à ses progrès ; le code de Jésus, scellé de son sang , fondé sur la raison, se propagea, malgré les conspirations , les persécutions et les proscriptions ; les cultivateurs , les ouvriers , les artisans, les sansculottes , l'adoptèrent de bonne foi ; les riches, les puissans, les prêtres et les rois , par nécessité ; c'est ainsi que nous voyons aujourd'hui ces derniers se dire patriotes ; parce que la terrible énergie, la sainte

sévérité des loix, les ont convertis à la constitution.

Les prêtres voyant donc que malgré leurs efforts
la doctrine de Jésus prévaloit sur l'erreur, se ran-
gèrent de son côté; embrassèrent sa religion; non
pour y prendre la douce simplicité, la candeur, la
bonne foi, la pureté des mœurs et de la morale de
ce législateur, mais pour y intriguer, factioniser,
et y dominer. Hélas ! ils ne réussirent que trop pour
le malheur de l'humanité, car il semble que les
prêtres aient le fatal secret de gangrener les meil-
leures institutions : d'abord ils affectèrent de grandes
vertus factices ; déployèrent une éloquence sédui-
sante ; affectèrent un zèle ardent ; composèrent des
livres pour interprêter la doctrine de Jésus, comme
si cette doctrine avoit eu besoin d'interprétation ;
Jésus n'étoit qu'un homme ; ils en firent un Dieu ;
persuadèrent au peuple qu'il lui falloit des autels
et un culte ; ils étalèrent dans ce culte une pompe
et des cérémonies imposantes, et firent tomber le
peuple bon et facile dans le piège qu'ils lui avoient
astucieusement tendu. Alors, et seulement alors,
ils établirent le gouvernement ecclésiastique ; la
discipline intérieure et extérieure de l'église ; les
dogmes de la foi, les canons, les synodes et les
conciles. Alors, et seulement alors, de sectateurs
de cette religion, ils en devinrent les chefs, et

sous les noms de pontifes, de patriarches, d'évêques, d'abbés, de curés, ils s'érigèrent en législateurs, s'emparèrent de l'éducation, se firent maîtres de l'opinion publique; entraînèrent les peuples, et subjuguèrent les empereurs et les rois; et l'Univers eut à craindre pendant long-tems que la superstition n'étouffât les sages institutions de la nature.

C'est ainsi que les Lafayette, Mirabeau, Barnave, Chapelier, Thouret, dans l'assemblée constituante; Pétion, Brissot, Barbaroux, dans la convention, se couvrant d'un masque de patriotisme; parlant plus république que les républicains mêmes, tramoient le rétablissement de la royauté sur les ruines de la liberté.

C'est ainsi, perfides Hébert, Vincent, Ronsin, Momoro, Chabot, Bazire, Hérault - Séchelles, Simon, et tous vos complices; c'est ainsi, qu'abusant traîtreusement de la confiance des sans-culottes; forts et puissans de leur amour et de leur considération, vous conspiriez l'asservissement de la patrie sur le massacre des républicains! O traîtres! une mort infâme, mais trop douce, va nous venger de votre déloyauté.

Citoyens, continuons l'examen rigoureux des crimes de nos prêtres. Après s'être faits ministres de la religion de Jésus, ont-ils été jaloux de maintenir cette religion dans sa simplicité touchante et naturelle? Se sont - ils montrés fidèles imitateurs des vertus de leur législateur? Non, certes; Jésus ne vouloit point de culte, de vaines cérémonies. Les prêtres élévèrent des temples magnifiques, où les peuples crédules portoient des dons immenses pour les enrichir; construisirent des monastères où des êtres paresseux s'engraissoient paisiblement dans les bras de la mollesse et des voluptés; établirent des fêtes, des confrairies, des pélérinages pour attirer l'attention des peuples; créèrent le péché et l'enfer pour mettre la foudre vengeresse dans les mains de Dieu; pour se constituer reconciliateurs entre lui et les pécheurs; pour consacrer la nécessité de la grace, dans l'institution des sacremens; afin de vendre ces sacremens, sur-tout celui de la pénitence pour des héritages, par la révélation des secrets de famille, par la perte de l'honneur, de la chasteté et de l'innocence.

Jésus avoit établi l'égalité en principe. Ne voyons-nous pas, citoyens, un prêtre qui, dans Rome, ceint son front d'un triple diadéme; qui, foulant aux pieds les cendres de Brutus et de Caton, se prétend le dispensateur des sceptres et des couronnes; se donne avec impiété le titre de Très-Saint, et exige insolemment que les hommes, ses semblables, se prosternent et lui baisent les pieds.

Jésus ne vouloit point de haine, d'avarice, de

mollesse. Je vous le demande, citoyens ; dans quels cœurs la haine, la rancune, l'envie, la vengeance, jetoient - elles de plus profondes racines ? dans le cœur des prêtres. Pardonnoient - ils jamais sincèrement ? leur cœur revenoient jamais à vous avec franchise ? et le moment où ces perfides sembloient vous tendre la main, n'étoit-il pas celui où ils vous portoient des coups traîtreusement mortels ?

L'avarice, la mollesse. Eh bien ! à qui appartenoient ces immenses propriétés, ces superbes châteaux, ces palais somptueux, ces équipages magnifiques ? à des prêtres. Qui étoient ceux qui passoient leurs jours dans l'abondance des festins avec des courtisannes fardées, vêtues de pourpre et de soie, couvertes de diamans ? c'étoient des prêtres. Et tant de trésors scandaleusement dissipés ; d'où provenoient-ils ? ô pauvres sans-culottes ! ils provenoient des aumônes qui vous étoient surprises, des messes, des prières, des sacremens qui vous étoient vendues ; de la dîme de vos fatigues et de vos sueurs : et vous, vous languissiez dans la détresse et la misère. Cependant vous aimiez encore vos prêtres.

Jésus vouloit que l'on aimât la paix, et que l'on sacrifiât tout pour l'obtenir.

Grand Dieu ! intelligence éternelle ! toi à qui les siècles passés sont présens comme l'avenir le plus reculé ! apprends nous qui a suscité les guerres qui, depuis dix-huit cents ans, ont agité l'Univers, et fait périr tant de millions d'hommes : citoyens, mes frères et mes amis, ce sont les prêtres.

Ici, Arius prétend que le fils n'est pas si vieux que le père ; Athanase soutient que le père n'est pas plus vieux que le fils ; et plutôt que de mettre dans les hôpitaux et à l'ellébore, ou plutôt dans les fers cet Arius et cet Athanase, il faut que l'Univers soit en feu ; que pendant trois cents ans des guerres sanglantes, de cruelles proscriptions portent partout la désolation et la mort.

Olivier de Lyon, enseigne que nous ne sommes pas coupables en venant au monde ; que la désobéissance d'Adam ne retombe point sur nous, et qu'il n'y a point de péché originel. Saint-Dominique prétend que le péché originel et l'enfer existent ; et pour avoir raison il fait excommunier Olivier, et avec lui tous les peuples qui suivoient sa doctrine. Dominique lève une armée à qui il inspire ses fureurs fanatiques ; il ravage les campagnes, et détruit les villes ; Alby, Cahors, Toulouse, Pamiers, Nismes, Carcassonne, une partie de la France et de l'Espagne, sont ensevelies sous la cendre, et couvertes des cadavres de cinq cents mille hommes égorgés ; bien plus, Dominique établit la sainte inquisition, tribunal odieux, tribunal de sang, qui, pendant plusieurs siècles, répandit la terreur dans une partie de l'Europe ; dressa de toutes parts des échafauds et des bûchers , où périrent plusieurs millions d'hommes pour avoir mangé de la viande, épousé leurs commères, ou manqué d'assister à la messe.

Luther et Calvin différent de sentimens avec Rome , et pour cela il faut que toute l'Europe soit agité , que vingt nations, s'entre-détruisent par des guerres sanglantes.

Le cardinal de Lorraine ne peut détruire les protestans en France après trente ans de guerres civiles ; il présente à une cour corrompue un projet, digne des prêtres , digne des rois, digne de leurs Pitts et de leurs Cobourgs. On l'adopte; aussi-tôt sur la foi d'un traité solemnel , sous la garantie d'une alliance sainte , les protestans desarmés se retirent paisible-ment dans leurs foyers, et s'endorment dans les bras de la sécurité : pourquoi, hélas ! leur réveil devoit-il être celui de la mort. Les prêtres avoient déjà ourdi leur trame exécrable, leur conspiration étoit formée, eux et leurs satellites tenoient déjà leurs poignards homicides suspendus : le moment fatal arrive, l'heure sonne, le signal est donné, et la mort vole de toutes parts dévorant ses victimes. A Paris, et sur tous les points de la France, les protestans sont surpris, assassinés et égorgés. Le cardinal de Lorraine , les évêques, les prêtres , un crucifix à la main, un poignard de l'autre, soufflent leur rage dans l'ame du peuple égaré ; ils l'échauffent aux meurtres et au carnage ; ils dirigent le fer qui perce le cœur du père par la main du fils ; le fer qui tranche les jours du fils par les mains parricides du père ; trois cents mille ames périssent en une seule nuit, la guerre civile recommence avec une fureur nouvelle, la France n'est plus qu'un théâtre de destruction et les fleuves ne portent plus que des morts aux mers épouvantées.

Citoyens, si les bornes d'un discours me le permettoient, je vous parlerois de vingt mille manichéens, égorgés par les ordres de l'impératrice Théodora, à la sollicitation de son confesseur, parce qu'ils croyoient qu'il y avoit deux principes, un bon et un mauvais, et que ce confesseur prétendoit qu'il n'y en avoit qu'un. Je vous entretiendrois de ce nombre infini d'hommes que firent périr les croisades, les prétentions des papes, les schismes d'occident, où pendant plus de cent ans il y avoit deux papes à la fois, qui tous deux se prétendoient seul et unique vicaire de Jésus-Christ, et qui n'étoient que des imposteurs dignes de l'échaffaud. Je vous parlerois des massacres de Cabrière et de Mérindal, où ving-deux bourgs furent réduits en cendres, où vingt-cinq mille innocens furent égorgés et brûlés ; où les enfans à la mamelle furent

(63)

Jetés dans les flammes , où les filles furent violées
et coupées par quartiers , où l'on fit sauter en l'air
les vieilles femmes en leur enfonçant des cartouches
par les deux orifices dans l'intérieur du corps : ces
horreurs qui font frissonner la nature , se sont com-
mises en France, dans ces derniers siècles, parce
que ces déplorables victimes vouloient vivre sans
prêtres, et suivant les loix de la nature.

Vous hésitez à croire, citoyens, parce que ces
atrocités révoltent la nature ; eh bien, je vais finir
par la malheureuse Vendée : C'est à vous , habitans
fanatiques de ces contrées autrefois si florissantes ,
aujourd'hui désolées ; c'est à vous à nous dire qui
sont ceux qui ont secoué parmi vous le flambeau
de la discorde, qui ont soufflé dans vos ames un
fanatisme aussi criminel ; qui sont ceux qui vous
ont inspiré l'atroce dessein de porter un fer parricide dans le sein de votre patrie ? C'est vous ,
prêtres abominables , c'est vous qui, faisant servir
le peuple à vos détestables passions , avez suscité
les fléaux qui les accablent ; qui avez allumé la
foudre qui les a anéantis , et cette guerre épouvan-
table qui les a dévorés. Monstres, avides de sang ,
contemplez votre ouvrage ! Deux cent mille fran-
çais, deux cent mille habitans séduits par votre
cruelle politique viennent de périr, et leurs cadavres
amoncelés jonchent les villes et les campagnes brû-

lées et encore fumantes du sang des hommes, des femmes et des enfans qui les habitoient.

Citoyens, tant d'horreur, tant de crimes, nous ont sans doute convaincus que les prêtres, impies envers l'Être-Suprême, étoient encore le plus cruel fléau de l'humanité. Résumons-nous et disons : Les prêtres n'existoient que pour pervertir les mœurs, étouffer les institutions de la nature et tourmenter les hommes ; conséquemment nous abjurons les prêtres et leur culte ; nous nous séparons d'eux pour toujours. Pour adorer l'Eternel, il ne faut que l'élévation de nos cœurs vers lui, il n'est besoin ni de cérémonies, ni d'ornemens somptueux, ni de temples magnifiques ; renonçons donc à cette pompe qui ne convient qu'à des despotes et à des esclaves ; que la raison soit notre seul culte, travaillons sans cesse à la perfectionner et n'ayons d'autre morale que les vertus civiques.

Républicains sans-culottes ! soyons laborieux, sobres, plein d'amour pour la patrie et pour nos frères ; voilà notre religion.

Cultivateurs, pour qui la terre est si libérale ; marchands, que des circonstances favorables ont mis dans l'opulence ; sachez faire des sacrifices ; contentez-vous d'un bénéfice modéré en faveur de vos frères indigens, voilà votre religion.

Juges, officiers municipaux, comités de surveil-
lance,

lance ,. magistrats du peuple , soyez impassibles comme la loi, portez en tous lieux la paix, l'union et la concorde ; protégez les bons sans-culottes, faites trembler les méchans, voilà votre religion.

Braves volontaires , soldats intrépides de la liberté, que vos courages soient toujours enflammés par l'amour sacré de la patrie ; à nos drapeaux fixez constamment la victoire, détruisez les tyrans, vengez la rébuplique ; voilà votre religion.

Et toi, sainte montagne ! montagne effroi des tyrans et des traîtres ; auguste montagne, notre unique espérance ! reste toujours inébranlable à ton poste ; que les volcans écrasent et consument les despotes, les fanatiques et les enuemis du peuple ; voilà ta religion.

Et vous, jeunes enfans, qui faites l'espoir de la patrie ! heureux enfans, pour qui nous soutenons les orages et les tempêtes de la plus étonnante des révolutions ! que vos ames tendres s'ouvrent à la voix des sentimens commandés par la nature ; le souffle empoisonné de la superstition et du fanatisme ne souillera point vos cœurs ; étrangers aux vices, familiarisés à la vertu, vous jouiréz des fruits et des roses d'une terre dont nous arrachons si péniblement les épines et les ronces ; intéressante jeunesse, croissez dans l'amour de la patrie, dans l'obéissauce

E

aux loix, dans le respect pour la vieillesse; voilà votre religion.

Grand Dieu! souverain de la nature! vois les hommes tes enfans qui se réunissent pour adorer ta puissance, publier ta sagesse, célébrer ta bienfaisance; nous te tendons des mains qui ont brisé les chaînes de l'esclavage; nous t'offrons les vœux de nos cœurs, de ces cœurs qui ont rejeté la superstition et le fanatisme, et qui sont purs comme la nature; soutiens ton ouvrage, affermis le règne de la liberté et de l'égalité pour lesquelles tu nous a créés, et pour lesquelles nous combattons; brises le joug qui asservit encore les nations, afin qu'elles partagent notre gloire; fais que la paix, l'aimable paix établisse sur le tombeau des tyrans le bonheur perpétuel de l'univers:

Périssent à jamais le fanatisme, l'intolérance et la superstition! périssent à jamais les despotes, les hypocrites et les traîtres! Vive la raison! vive la liberté! vive l'égalité! vive la république! vive! vive la montagne!

F I N

A PARIS. De l'Imprimerie de TESTU, rue Hautefeuille, n°. 14.

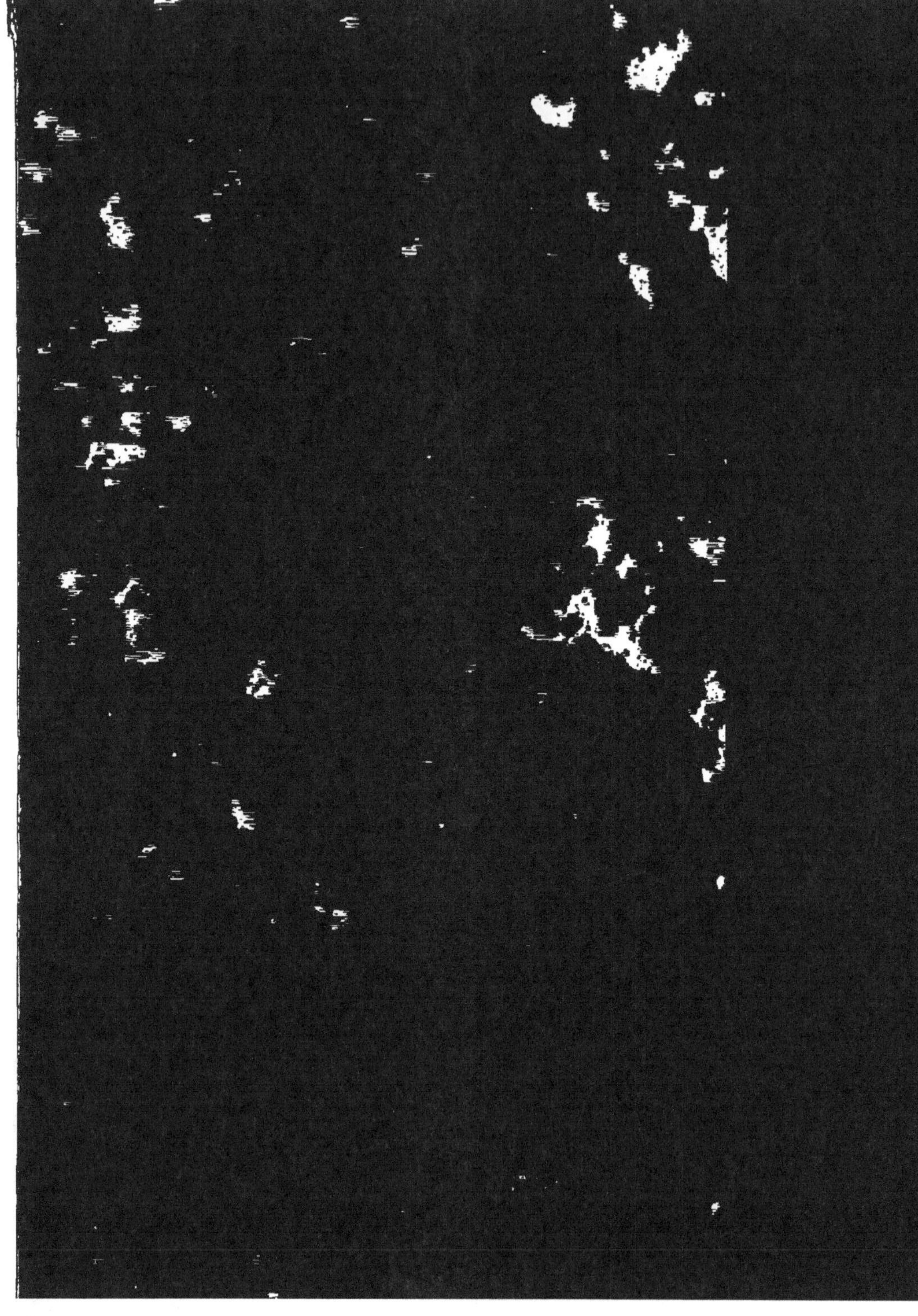